INSTITUT DE FRANCE

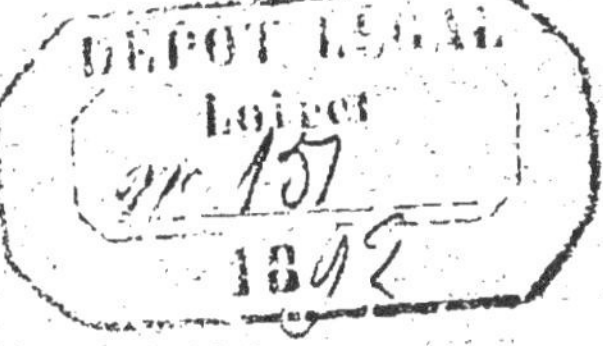

ACADÉMIE DES SCIENCES MORALES ET POLITIQUES

OBSERVATIONS

SUR LA

RÉVOCABILITÉ DES TESTAMENTS

ET

L'IRRÉVOCABILITÉ DES DONATIONS ENTRE VIFS

PAR

M. COLMET DE SANTERRE

MEMBRE DE L'INSTITUT

PARIS

ALPHONSE PICARD, ÉDITEUR

82, RUE BONAPARTE, 82

1892

INSTITUT DE FRANCE

———

ACADÉMIE DES SCIENCES MORALES ET POLITIQUES

———

OBSERVATIONS

SUR LA

RÉVOCABILITÉ DES TESTAMENTS

ET

L'IRRÉVOCABILITÉ DES DONATIONS ENTRE VIFS

PAR

M. COLMET DE SANTERRE

MEMBRE DE L'INSTITUT

———

PARIS

ALPHONSE PICARD, ÉDITEUR

82, RUE BONAPARTE, 82

———

1892

EXTRAIT DU COMPTE RENDU

De l'Académie des sciences morales et politiques

(INSTITUT DE FRANCE)

Par MM. Henry VERGÉ et P. de BOUTAREL

Sous la direction de M. le Secrétaire perpétuel de l'Académie

----

OBSERVATIONS

SUR

LA RÉVOCABILITÉ DES TESTAMENTS

ET

L'IRRÉVOCABILITÉ DES DONATIONS ENTRE VIFS.

———

Le testament est essentiellement révocable et la donation entre vifs essentiellement irrévocable. Voilà deux vérités juridiques qui sont incontestables ; les textes sont précis et ne laissent place à aucun doute ; mais, au point de vue critique, peut-être que les deux règles ne se justifient pas d'une façon aussi certaine, et peut-être pourrait-on désirer que le législateur se départît quelque peu de la rigueur des principes qu'il a posés. Il me semble, d'ailleurs, en étudiant les travaux préparatoires du Code civil, qu'on a accepté les deux règles dont nous parlons, sans chercher si ces vieux principes avaient encore une raison d'être, au moment où on les consacrait à nouveau. Tronchet a dit au Conseil d'État, dans la séance du 7 pluviôse an XI, qu'en définissant la donation et le testament, le projet tendait à signaler le caractère qui les distingue, l'un étant révocable, l'autre irrévocable ; ne semble-t-il pas, qu'en parlant ainsi, le grand jurisconsulte abandonnait son rôle de législateur pour devenir lexicographe ; il se contente de donner le sens précis de deux mots de la langue juridique, et il n'examine pas s'il est utile de maintenir la différence qui sépare les deux institutions. Sa mission était plus haute, il fallait examiner si la volonté humaine, que la loi déclare souveraine en matière de contrats, doit être enchaînée dans les donations entre vifs et dans les testaments. Une pareille thèse méritait d'être approfondie; on ne l'a pas aperçue, parce qu'on a considéré comme des dogmes les décisions des anciennes législations et les affirmations des anciens auteurs.

J'estime qu'il est utile d'entreprendre cette tâche, qui n'a point tenté le législateur, et je me place tout d'abord en face du testament, parce que la solution me paraît surtout incertaine en ce qui le concerne. La difficulté résulte, d'abord, de ce que le testament est un acte individuel, émanant d'une volonté unique, tandis que la donation est un acte collectif, produit par deux volontés qui se rencontrent. Puis, il faut bien l'avouer, c'est une plus grande nouveauté d'admettre l'irrévocabilité du testament que la révocabilité des donations, car le testament a toujours été tenu pour révocable, tandis qu'aujourd'hui, comme autrefois, on connaît des donations qui échappent à la règle d'irrévocabilité.

On comprendrait une législation qui ne reconnaîtrait pas au propriétaire le droit de disposer de ses biens pour le temps où il ne sera plus; mais, l'institution admise, il est impossible de nier que le testament est l'œuvre de la volonté du testateur. Les formalités exigées sont destinées à garantir que cette volonté a existé et qu'elle s'est manifestée librement, mais elles ne jouent qu'un rôle secondaire, c'est la volonté qui est l'élément principal, qui engendre le droit à venir des personnes gratifiées.

Cette volonté est-elle libre, doit-elle l'être?

En principe, la volonté de l'homme est libre, je parle de la volonté juridique, celle qui engendre, modifie ou éteint des droits. Si les législateurs imposent quelques restrictions à cette liberté, c'est exceptionnellement et à raison des nécessités sociales; encore, faut-il que la loi ait parlé; les restrictions, les exceptions ne se présument pas. En dehors des cas prévus, la volonté est souveraine aussi bién dans les testaments que dans les autres actes. La souveraineté n'est pas déniée au testateur, quand il gratifie un ou plusieurs légataires ; elle lui est également reconnue, quand une volonté nouvelle se substitue à une ancienne ; c'est ce que la loi appelle la révocation. La faculté de révoquer, attribuée au testateur, démontre la puissance de la volonté, puisqu'elle implique que le caprice même est respecté ; elle doit exister, parce que la volonté d'aujourd'hui est aussi puissante que celle d'hier, et parce qu'il est présumable que le disposant n'a pas voulu abdiquer le droit de changer, qui est un des attributs du droit de vouloir.

Mais, si la liberté de la volonté légitime le caprice, elle doit aussi légitimer l'assurance contre les variations intempestives du vouloir. Pourquoi cette assurance ne résulterait-elle pas d'une manifestation de la volonté exprimée dans le testament. Si, comme je viens de le dire, on doit présumer que le disposant a voulu se réserver le droit de révoquer, ne doit-on pas logiquement consacrer le droit de détruire la présomption par une déclaration formelle en sens contraire? C'est peut-être un acte de prudence ; le testateur craint les écarts de sa volonté ; il sent peut-être, qu'en avançant en âge, il perd chaque jour quelque chose de sa fermeté ; il prévoit des sollicitations qu'il n'aura pas la force de repousser. Ses décisions actuelles sont le résultat de mûres et libres réflexions. Il est vraiment singulier qu'on le prive du moyen de se protéger lui-même. Il a le droit de conserver la faculté de varier, c'est-à-dire de révoquer ; il y renonce, est-ce qu'il n'est pas permis de renoncer à un droit, quand ce droit ne suppose pas un devoir corrélatif? Si on ne peut pas renoncer à la puissance paternelle ou à un droit politique, c'est parce que le père a le devoir de protéger ses enfants, et le citoyen le devoir de participer à la direction des affaires publiques ; mais, dans l'hypothèse, e droit n'est pas doublé d'un devoir ; à qui préjudicie la répudiation du droit de révoquer, si ce n'est au testateur qui sait ce qu'il fait, ce n'est certes pas aux futurs légataires, car nul n'a le droit d'être institué dans un testament à faire.

De ce que notre loi, sous l'influence d'habitudes anciennes, n'a pas consacré la clause qui rendrait irrévocable un testament tout entier, ou une disposition spéciale d'un testament, il ne faut pas conclure, cependant, qu'on n'ait pas quelquefois compris l'utilité de l'irrévocabilité. On a, dans les temps anciens, essayé de l'introduire sous une forme bizarre, il est vrai, mais d'une manière qui montre, dans l'esprit des praticiens d'autrefois, la préoccupation de protéger le testateur contre les insistances et les suggestions d'aspirants légataires ou héritiers.

Je fais allusion en ce moment à l'usage de ce qu'on a appelé les *clauses dérogatoires*. Voici comment elles sont définies par Merlin, qui reproduit le texte de Guyot : clause par laquelle le testateur ordonnait que si, dans la suite, il faisait un second testament, il n'aurait aucun effet, à moins qu'il ne contînt une certaine sentence ou de certaines paroles.

L'exemple à l'appui de la définition est celui-ci : Le testament contenait une clause dérogatoire, qui était *Sancte Leonarde, ora pro nobis*, avec déclaration que si le disposant venait à faire un autre testament, et que cette phrase n'y fut pas répétée, il n'aurait ni force ni valeur.

L'auteur avoue que ces clauses, qu'il considère comme antijuridiques, étaient approuvées par la presque universalité des Parlements ; ce qui prouve au moins que la pratique jugeait utile un moyen de protéger le testateur contre sa propre faiblesse, et surtout contre les persécutions intéressées de son entourage.

Les clauses dérogatoires ont été interdites par l'ordonnance de Louis XV sur les testaments, et d'Aguesseau constate, pour justifier la prohibition, qu'elles étaient contraires à la pureté des principes du droit romain, et qu'elles tendaient des pièges au disposant qui aurait oublié la formule nécessaire à la validité de son second testament.

Je ne demande pas la résurrection de ces clauses ; mais je vois, dans l'usage qu'on en a fait pendant longtemps, la preuve d'une certaine tendance à donner au testament une validité moins précaire que celle qui lui était attribuée par le droit romain.

La préoccupation d'autoriser le testament doué d'un caractère définitif, apparaît encore dans des décisions anciennes, rapportées également par Guyot, qui déclaraient le testament irrévocable, quand le disposant avait juré de ne point changer ses dispositions. Certaines coutumes du centre de la France confirment l'existence de cette pratique en la condamnant. Il est curieux de voir comment, au dire de Guyot, Ricard *pulvérise* la prétention condamnée par les coutumes en disant : « Le serment est vicié dans son principe, d'autant qu'il ne peut pas compatir avec la qualité « de l'acte auquel il est appliqué, n'y ayant pas plus de difficulté dans la nature *à faire que le chaud soit froid*, que « de faire un testament révocable. Vu que ce serait détruire « aussi bien la substance de l'un que la substance de l'autre ; « le testament n'étant attaché qu'à la volonté du testateur, « laquelle trouve son essence dans la liberté du changement « et de la révocation ».

Bien qu'en dise Guyot, l'argument de Ricard est loin de réduire en poussière la prétention qu'il combattait, car il ne fait qu'affirmer le point en question ; doit-on admettre un testament irrévocable? Les deux auteurs répondent que la chose est impossible, parce qu'elle n'est pas permise par le droit romain ; il y a loin cependant de cette impossibilité avec l'impossibilité naturelle que le froid soit le chaud, et que le chaud soit le froid.

Au fond, il doit peu nous importer, quand nous songeons à la législation de l'avenir, que notre désidératum soit

conforme ou contraire au droit romain. Ce qui nous inté-
resse, c'est de savoir si la règle ancienne peut invoquer en
sa faveur des raisons théoriques ou pratiques, en dehors de
son antiquité.

Au point de vue théorique, on dira que l'homme ne peut
pas se lier par un acte de sa seule volonté ; qu'en matière
d'obligation ou d'aliénation, le concours de deux volontés
est nécessaire, attendu que ce qui est l'œuvre juridique d'un
auteur unique, doit pouvoir être détruit par cet auteur seul.
On ajoute que l'acte, émané d'un seul, ne confère de droit
à personne, et que s'il ne produit pas de résultat, il est pour
ainsi dire non avenu, c'est un projet et rien de plus.

Ces raisonnements sont inspirés par les principes de la
matière des contrats. On peut être exigeant à propos d'un
acte qui va engendrer une action en justice. On comprend
qu'à propos d'une semblable opération, on ait pu dire :
celui qui est étranger à l'acte, ne doit pas s'en prévaloir.
Je me réserve, toutefois, de vous montrer que cette idée,
considérée comme un axiôme, n'est pas admise partout et
par tous.

J'accepte, cependant, pour un instant, l'objection que je
viens de présenter, mais je conteste qu'elle puisse avoir une
valeur dans la matière des testaments. Par essence, le testament émane du testateur seul, il ne donne pas naissance
à des droits ; les légataires n'ont rien acquis tant que dure
la vie du disposant, si bien qu'ils n'ont pas besoin d'exister
lors de la confection du testament, mais qu'ils doivent être
vivants lors du décès du testateur. Pendant la période, peut-
être très longue, qui s'écoule entre ces deux époques, les
légataires n'ont aucune action en justice pour exercer ce
qu'ils appelleraient leur droit ; est-ce à dire pour cela que
l'acte soit un simple projet, un écrit sans force et sans
importance ? Non certes, car cet écrit, au jour du décès,
transfèrera au légataire la propriété, peut-être, de toute

la succession. Cet effet important, tout éventuel qu'il soit, est produit par la volonté unique de l'auteur de l'acte, et, si cette volonté produit des effets, bien qu'elle n'engendre pas de droit proprement dit, quel obstacle insurmontable pourrait-on voir à ce qu'elle eût la puissance de se déclarer irrévocable. Cette déclaration est bien aussi un acte auquel nul n'a collaboré avec son auteur; mais il n'est pas sans effet comme la vente sans acheteur, ou le bail sans locataire, ceux qui en profitent sont ceux qui sont institués dans le testament, ils n'acquièrent pas, certainement, un véritable droit, mais ils ont cet intérêt qui validait le legs lui-même, un intérêt éventuel; il faudra toujours qu'ils survivent au disposant, qu'ils soient capables de recevoir, il faudra bien aussi que le disposant laisse des biens; mais ce sont les risques que courent tous les légataires, et qui n'empêchent pas de valider les legs. Donc, le testateur qui peut, par sa volonté unique, créer la vocation éventuelle au legs, doit logiquement avoir le pouvoir de réconforter cette vocation par une manifestation formelle.

J'ai raisonné, en acceptant comme une règle, que le droit ne peut pas naître, au moins quand il s'agit d'actes entré vifs, en faveur d'une personne qui n'a pas participé à l'acte. Il me sera permis de dire que cette ancienne vérité est aujourd'hui fort contestée. Je sortirais des limites de mon sujet, si j'étudiais les hypothèses qui font de nos jours difficulté. Mais, je vois, au moins, une tendance en ce sens, qui se manifeste dans le projet du Code civil allemand. On y trouve reconnue, à titre exceptionnel, il est vrai, la possibilité d'un engagement volontaire, mais non contractuel. S'appuyant sur un texte du droit romain, qui valide la promesse unilatérale au profit d'une cité (l. 3 Dig., *de pollicitationibus*), le projet de Code admet la même doctrine quand il s'agit d'une fondation ; c'est-à-dire d'une promesse faite en vue de la création d'un certain établissement, comme une institution de bienfaisance ou de prévoyance, promesse qui n'est pas et ne peut pas être acceptée, puisque l'établissement n'existe pas encore (1).

Une autre objection est présentée contre l'irrévocabilité possible des testaments ; elle est moins abstraite, moins théorique et moins moderne. C'est une querelle de mots. On dit : le testament contient les dernières volontés de son auteur ; s'il a été fait longtemps avant la mort du testateur, il n'a vraiment ce caractère qu'autant qu'il était révocable, parce que l'absence de révocation manifeste la persévérance du défunt jusqu'au moment de sa mort. Cette objection part d'une traduction un peu libre du mot testament ; la définition du Code Civil est plus précise et plus exacte ; elle exprime, il est vrai, cette idée que le testateur dispose pour le temps où il ne sera plus, mais cela n'implique pas que la volonté a dû exister plutôt à une époque qu'à une autre. On reconnaît d'ailleurs sans difficulté la validité d'un testament fait par un interdit antérieurement à l'interdiction, alors que le disposant jouissait de la plénitude de sa raison. On admet que ce testament conserve toute sa force alors même que son auteur est décédé en état d'interdiction. Or dans cette hypothèse l'acte est séparé de la mort par un intervalle de temps peut-être considérable, et on ne peut pas attribuer au silence de l'interdit jusqu'à sa mort le caractère d'une confirmation. Ce qui démontre qu'il n'est pas nécessaire que le testament ait été voulu ou présumé voulu au dernier instant de la vie de son auteur.

Reconnaissons donc qu'aucune impossibilité théorique sérieuse ne fait obstacle à la validité de la clause par laquelle le testateur renoncerait formellement au droit de révoquer son testament ; mais ce n'est pas tout, il faut examiner le côté pratique de la question. Existe-t-il des

______

(1) J'emprunte cet aperçu et cet exemple au remarquable ouvrage de mon collègue de Dijon, M. Saleilles, sur la théorie des obligations d'après le projet du Code civil allemand.

raisons d'intérêt privé ou public qui commanderaient cette restriction à la liberté de la volonté.

Au point de vue des intérêts privés, qui donc peut souffrir de la renonciation au droit de révoquer un testament? Serait-ce le renonçant? apparemment que la renonciation ne lui porte pas préjudice puisqu'il en est l'auteur. Il fait un choix entre la disposition révocable et la disposition irrévocable, n'est-il pas le meilleur juge de l'intérêt qu'il a de préférer l'une à l'autre; et si on voulait démontrer qu'il a eu tort de vouloir ainsi, n'introduirait-on pas dans la matière une rescision pour lésion, qui ne peut exister en droit positif qu'en vertu d'une loi formelle et qui, en théorie législative ne paraît guère souhaitable.

Nous pouvons ajouter que la renonciation au droit de révocation laisse le propriétaire maître d'agir sur son bien à son bon plaisir, nous reviendrons bientôt sur ce point, et qu'il aura perdu seulement le droit de détruire un testament qui ne pouvait, en tout cas, produire d'effet qu'au jour de sa mort.

Ce ne sont pas certes, les personnes gratifiées par le testament irrévocable qui se plaindront de la clause qui consolide leur vocation. Ce ne seront pas non plus celles qui espèreraient être instituées dans un testament futur; elles n'ont pas l'ombre d'un droit; elles rêvent que le testateur fera un jour des dispositions en leur faveur, mais quoi de plus chimérique et incertain? Elles n'ont pas de droit, donc pas d'action. Que si nous parlons de légataires institués dans un testament postérieur à celui qui a été déclaré irrévocable, ne voit-on pas que, pour alléguer qu'ils éprouvent un préjudice, il faut supposer que le premier testament n'a pas détruit par avance leur vocation, et c'est précisément sur ce point là que nous discutons.

La famille elle-même, subit-elle une atteinte à ses droits qui résulterait de l'irrévocabilité du testament? Elle n'a pas de droit sur la succession d'un vivant. Les héritiers pré-

somptifs mourront peut-être avant le testateur et ne seront
pas héritiers. J'admets qu'ils survivent; on ne peut pas
démontrer qu'un testament révocable serait révoqué à leur
profit. Nulle des personnes dont nous venons de parler ne
peut invoquer de véritables droits, et ce n'est pas dans des
espérances appuyées sur des hasards qu'on peut trouver la
raison d'être des règles qui restreindraient la liberté de la
volonté.

L'intérêt public n'est pas non plus en jeu, ce n'est certes
pas de l'intérêt moral ou politique qu'il pourrait être ici
question ; il ne s'agirait que de l'intérêt économique. Il fau·
drait montrer que l'irrévocabilité du testament aurait des
conséquences dangereuses soit au point de vue de la circulation des biens soit au point de vue de leur amélioration ;
or le testament, révocable ou non, laisse toujours intacte
la propriété du disposant ; à la mort de celui-ci seulement
prennent naissance les droits du légataire et ils ne peuvent
porter que sur le patrimoine tel qu'il existe à cette époque.
Donc le propriétaire qui a testé peut pendant toute sa vie
transformer ou détruire sa fortune ; il aura pu aliéner ses
biens même à titre de donation, démolir ses maisons, cou-
per à blanc ses forêts, dissiper son mobilier, contracter des
dettes énormes, rien ne le gêne dans l'administration ou la
disposition de sa fortune, donc rien n'entrave la circulation
et l'amélioration de ses biens. Par conséquent les objec-
tions économiques qui s'élèvent contre la propriété incertaine et instable n'imposent pas la condamnation à tout
jamais du testament irrévocable.

II

La question en ce qui concerne les donations entre vifs,
est, sous une apparence différente, celle même qui vient
d'être étudiée à propos des testaments. Il s'agit dans les
deux cas, de l'importance que doit avoir, relativement à
la solidité d'un acte, la volonté de celui qui l'a fait.

J'examinais si un testament, révocable en principe, peut être exceptionnellement rendu irrévocable ; la formule est renversée : la donation entre vifs, irrévocable en principe, peut-elle devenir exceptionnellement révocable. C'est toujours la règle sur la liberté de la volonté qui est en jeu. Toutefois deux raisons, à mon sens, faciliteront dans le second cas la solution ; d'abord la donation est une convention, le résultat d'un accord de volonté et il est impossible de nier que la convention puisse produire des effets de droit. Secondement la donation révocable n'est pas une nouveauté juridique, on la rencontre dans le droit romain, dans l'ancien droit français et jusque dans le Code civil ; d'où il résulte qu'il n'y a pas une incomptabilité absolue entre la donation et la révocabilité.

Les Romains pratiquaient la donation à cause de mort qui n'était pas autre chose qu'une donation révocable *ad nutum* et révoquée de plein droit par le prédécès du donataire. A l'époque classique de la jurisprudence romaine, le donataire à cause de mort pouvait devenir propriétaire de la chose donnée, sauf, le prédécès survenant, a être obligé de restituer ce qu'il avait reçu. L'ancien droit français connaissait ce genre de disposition qui fut soumis par l'ordonnance de 1731 aux formes du testament. Le Code civil ne parle pas de ces donations, mais il déclare nettement que les donations entre époux sont essentiellement révocables.

En dehors de ces exceptions, les donations entre vifs ont toujours été en France, et sont encore soumises à la règle de l'irrévocabilité. Au premier abord, il n'y a rien là qui soit anormal ; quoi qu'en ait dit le premier Consul, la donation est un contrat, et les contrats, résultant de l'accord entre deux personnes, ne peuvent être anéantis que par un accord en sens inverse. Il en est, sous ce rapport, de la vente du louage et de l'échange comme de la donation ; mais ce dernier contrat est irrévocable autrement et plus que les contrats ordinaires et c'est en cela qu'il ne laisse pas à la volonté toute sa puissance. Les parties consentantes ne peuvent pas, même dans la convention qui donne naissance au droit du donataire, réserver au donateur le moyen de revenir sur sa libéralité, soit d'une façon directe par une déclaration formelle, soit indirectement en accomplissant un certain fait qui dépendrait plus ou moins de sa volonté. Un vendeur ou un bailleur peut stipuler que la vente ou le bail sera résolu s'il veut habiter la maison vendue ou louée. Ces conventions et toutes autres semblables sont interdites en matière de donation entre vifs et c'est par là que le principe de la liberté des conventions est battu en brèche par la législation existante.

Le Code civil a hérité ces dispositions rigoureuses de l'ancienne législation française qui les avaient condensées dans la formule *donner et retenir ne vaut* et qui en avait tiré de nombreuses conséquences, admises également par notre droit actuel. Mais les raisons spéciales qui avaient inspiré la maxime et ses conséquences n'existent plus aujourd'hui. Le système successoral n'est plus le même, les héritiers à réserve sont aussi efficacement protégés contre les donations que contre les legs ; il n'y a plus à craindre qu'on dissimule un legs sous l'apparence d'une donation qu'on se réserverait le droit de révoquer. C'est donc, bien que les rédacteurs du Code civil n'aient pas paru s'en douter, c'est par des raisons économiques qu'ils ont maintenu la règle ancienne, en prohibant des actes qui auraient multiplié les propriétés incertaines.

Mais, s'il en est ainsi le Code civil a été beaucoup trop loin et, parmi les conventions déclarées nulles, il en est au moins une qui ne présenterait aucun danger au point de vue de la libre disposition des biens par leurs propriétaires. Pour celle-ci, je demanderai grâce, au nom du principe de liberté. Certes on a pu interdire avec raison les donations surbordonnées à des conditions qui dépendent de la volonté du donateur ; celles qui laisseraient au disposant le droit d'imposer au donataire la charge de dettes à contracter plus tard, celles enfin qu'on appelle donations de biens présents et à venir qui permettent au donataire, en optant pour les biens présents, de faire tomber tous les droits nés du chef du donateur depuis le jour de la donation. Ces libéralités menacent le crédit public, puisque les unes rendent incertaine la propriété du donataire, tandis que la dernière soumet à la même incertitude la propriété du donateur.

Si ces différents modes de disposer sont inquiétants au point de vue des intérêts économiques du pays, il en est un autre qui peut être autorisé parce qu'il ne présente pas les mêmes dangers. Je veux parler de la donation des biens à venir, celle qui attribue au bénéficiaire tous les biens que le disposant laissera au jour de son décès ; on l'appelle encore quelquefois l'institution contractuelle, parce que le donataire devient, par le contrat de donation, comme un héritier du disposant. Comment pourrait-on considérer ce mode de disposition comme contraire au développement de la richesse sociale ? Le donateur reste libre d'aliéner ses biens à titre onéreux comme il lui plaît ; il peut contracter des dettes qui grèveront son donataire comme elles grèveraient un héritier ; il est privé seulement du droit de disposer gratuitement. Il fera en toute liberté les opérations qui peuvent développer sa richesse et d'un autre côté, il conserve un intérêt sérieux à améliorer des biens dont il ne sera dépossédé que par sa mort.

Ce mode de disposition est autorisé, dans les contrats de mariage seulement, avec toutes les libéralités qui constituent des dérogations à la règle : Donner et retenir ne vaut ; je voudrais que le législateur retirât cette donation de ce groupe exceptionnel, et qu'il la permît entre toutes personnes, alors même qu'elle ne serait pas contenue dans un contrat de mariage. Il consacrerait ainsi une convention dont l'utilité n'est pas douteuse ; on l'autorise aujourd'hui parce qu'elle permet d'assurer l'avenir de deux personnes qui vont s'unir en mariage ; pourquoi donc un parent, un ami ne pourrait-il pas assurer de la même façon l'avenir d'une personne qui ne se marie pas encore parce qu'elle est trop jeune ou d'une autre qui s'établit sans se marier, mais qui entre dans une carrière utile à la société, où le dévouement, le travail, la science la conduiront à l'honneur, quelquefois à la gloire, jamais à la richesse.

La réforme ne serait pas bien grave ; mais elle restituerait à la volonté des contractants un droit qu'elle a perdu sans cause et en même temps elle donnerait une solution presque satisfaisante à la question que j'ai examinée sur les testaments. Si, par des scrupules de doctrine, on ne veut pas permettre le testament irrévocable, on fournirait au moins aux disposants, le moyen de se protéger contre les écarts de leur volonté future en faisant, par contrat, ce qu'ils ne pourraient pas faire par acte de dernière volonté, c'est-à-dire en instituant un donataire de biens à venir au lieu d'un légataire universel.

Orléans. — Imp. Paul Girardot